CATALOGUE

DES LIVRES

Imprimés, ou qui se vendent à Paris chez N y o n *fils, Quay des Augustins, près le Pont saint Michel, à l'Occasion.* 1745.

A

ABRE'GE' de la Grammaire Grecque de Clenard, *in* 8.

— de la nouvelle Methode, à l'usage des commençans, & de la sixiéme, *in* 12.

— des Antiquités Romaines, *in* 24.

— de l'Histoire de France par *Mezeray*, nouv. édit. augmentée des Remarques de M. *Amelot de la Houssaye.* in 12. 13 vol. 1740.

— Idem *in* 4. 4 *vol.* 1740.

— de l'Histoire de France sous les Regnes de **Louis** XIII. & Louis XIV. *in* 12. 2 vol.

— de l'Histoire des Plantes usuelles, par *Chomel.* in 12. 3 vol. 1738.

— de l'Histoire universelle, par de *Lisle.* in 12. 7 vol. 1731.

Academie Galante, contenant diverses **Histoires** curieuses. *in* 12.

Adélaide de Champagne. *in* 12.

Adélaide de Messine, *in* 12.

Amours (les) de Henry IV. Roi de France, *in* 12.

Amusemens de la Campagne, ou Récreations historiques, avec quelques Anecdotes secretes & galantes. *in* 12. 7 vol. 1742.

— de la Hollande, *in* 8. 1739.

L'Ane d'Or d'Apulée, avec le Demon de Socrate, traduit en François avec des Remarques, *in* 12. 2 vol. 1745.

A

Anecdotes fecretes de la Maifon Ottomane , *in*
12. 2 vol.

Annales de Tacite , avec des notes politiques &
hiftoriques, par M. *Amelot de la Houffaye,* in 12. *6*
vol.

Antiquités Romaines de Denis d'Alicarnaffe , tra-
duites en François par le P. *Le Gay.* in 4. 2 vol.

Le petit Apparat Royal , ou Diction. Fran. Lat.
in 8.

Arboflede l'Hiftoire Angloife. *in* 12.

L'Arithmétique en fa perfection , par *le Gendre.* in
12.

L'Art de bien enfeigner à lire , fondé fur l'ufage ,
& les Principes des plus fçavans Grammairiens ,
in 12. 1734.

Le Syllabaire fe vent féparement , *in* 12.

Avantures d'Abdalla , fils d'Hanif , *in* 12.

——de Clamadés , & de Clarmonde , *in* 12. 1733.

B

LE Babillard , ou le Nouvelifte Philofophe ,
in 12.

Biblia Sacra cum imitatione Chrifti , Parifiis , Leonard.
in 24. 7 vol.

C

Ciceron de la Nature des Dieux , Lat. Franc. par
M. l'Abbé le *Maffon* , *in* 12. 3 vol.

Ciceronis Epiftolæ ad Familiares , in 18.

Cicero , de Officiis , de Seneftute , de Amicitia , &c.
in 12.

Ciceronis Orationes Selectæ , in 12. 3 vol.

Volumina veneunt feparatim.

Commentaire fur la Géométrie de Defcartes, par
le P. *Rabuel* , *in* 4.

Commentaires de Mathiole fur Diofcoride , *in* fol.

La Connoiffance parfaite des Chevaux , *nouv.*
édit. augmentée d'un Dictionnaire du Manege.
in 8.

Le Concile de Trente, traduit en François, par M. *Chanut*. *in* 12.

La Constance des promptes Amours, avec le Jouet de l'Amour, suivi de ses Ruses & Métamorphoses, *in* 12. 1733.

Contes à rire, ou Récréations Françoises. *in* 12. 2 vol

— des Fées par M. d'Aulnoy. *in* 12. 4 vol.

Cornelius Nepos. *in* 24.

Cornelii Taciti Annales, *in* 18.

Corpus Juris Canonici, per regulas naturali ordine digestas, autore Gibert, *in* fol. 3 vol. 1737.

Nouveau Cours de Mathematique à l'usage de l'Artillerie, & du Genie, par M *Belidor*. *in* 4.

Cours des Sciences Militaires par M. *Bardet de Villeneuve*. *in* 8 5 vol.

Coutumier Général, ou corps des Coutumes générales & particulieres de France. nouv. édit. publiée par *Charles-A. Bourdot de Richebourg*. *in* fol. 4 vol.

La Cuisiniere Bourgeoise, suivie de l'Office, *in* 12. 1746.

D

Ecisions du Droit Civil, Canonique & François, par *Fromental*. *in* fol.

Description des Isles de l'Archipel, par *Do Dapper*. *in* fol.

Description Géographique & Historique de la haute Normandie, contenant le Pays de Caux, & le Vexin François, avec un Dictionnaire Géographique & Historique desdites Provinces. *in* 4. 2 vol. 1740.

Dictionnaire de la Langue Françoise par Richelet. *in* fol 3 vol.

Dictionnaire de Peinture & d'Architecture, contenant tout ce qui a rapport à ces Arts, par M. l'Abbé de *Massy*, *in* 12. 1746.

— des Commençans, Franç. & Lat. *in* 8.

— Néologique à l'usage des beaux esprits du siécle. *in* 12.

Difcipline de l'Eglife, touchant les Bénefices & les Béneficiers, par le P. *Tomaffin*, *in* fol. 3 vol.

Donquichotte de la Manche, de *Michel de Cerventes*. *in* 12. 6 *vol.* 1741.

Suite de Donquichotte de *Cid. Hamet Benengely*. *in* 12. 6 vol. 1742.

Nouvelles Avantures de Donquichotte de *Avellaneda in* 12. 2 vol 1738.

Duhan, *Philofophus in utramque partem*. *in* 12.

E

ECole dela Mignature, dans laquelle on peut aifement apprendre à peindre fans Maître. *in* 12.

——du monde en 24 entretiens, par M. *le Noble*, *in* 12. 4 vol.

——Parfaite des Officiers de bouche, *in* 12. 1742.

Elemens de Géometrie par le P. Lamy. *in* 12. 1740.

——des Mathématiques, ou Traité de la Grandeur, par le P. Lamy. *in* 12. 1741.

——de la Philofophie de Neuton, par M. de *Voltaire*, *in* 12. 1741.

Elite des bons mots, recueillis des plus célébres Auteurs en Ana. *in* 12.

Eloge de la chaffe, avec plufieurs avantures furprenantes & agréables qui y font arrivées. *in* 12.

Epitres & Evangiles, *in* 12. & *in* 18.

——& Elégies d'Ovide, traduites en Vers François, *in* 12.

L'Efpion Turc, dans les Cours des Princes Chrétiens, *in* 12. 6 vol. 1739.

L'Efprit de Gerfon, *in* 12.

Effai Philofophique concernant l'entendement humain, traduit de *Locke*, par M. *Cofte*, *in* 4.

——Philofophique fur le goût, par M. *Cartaut de la Villate*, *in* 12. 1736.

——Politique fur le Commerce, par M. *Mellon*. *in* 12. 1736.

Effais de Michel, Seigneur de Montaigne. *in* 4. 3 vol.

Eutropii Historia Romana , in 24.

Experiences de Physique par M. de Poliniere. *in* 12. 2 vol. 1741.

F

LEs Fables d'Esope Phrygien , avec celles de Philelphe , traduites par M. l'Abbé de Bellegarde. *in* 12. 2 vol. *fig.*

Flori , Epitomæ rerum Romanarum , ex recentione Grævii , *cum Notis* Variorum. *in* 8.

De la fréquente Communion , par M. *Arnault.* *in* 8.

G

LE Gage touché , Histoires galantes *in* 12. Géographie de *Robbe* , ou Méthode pour apprendre facilement la Géographie. *in* 12. 2 vol. 1746.

Gil-Blas de Santillane , par M. *Le Sage.* *in* 12. 4 vol.

La Guide des Pécheurs , par *Grenade* , *in* 8.

H

HErode & Marianne , Tragédie par M. *Voltaire.* *in* 8.

L'Heroine Mousquetaire , Histoire véritable, *in* 12.

L'heureux Esclave , nouvelle. *in* 12.

Histoire critique de l'établissement de la Monarchie Françoise dans les Gaules , par M. l'Abbé du *Bos.* in 4. 2 vol. 1742.

—*Idem in* 12. 4 vol. 1742.

— de l'Abbaye de saint Germain des Prez , par *Dom Bouillart* , *in* fol.

—de la Conquête du Mexique , ou de la nouvelle Espagne , par *Fernard Cortez.* *in* 12. 2 vol.

— de la Conquête du Perou. *in* 12. 2 vol.

— de l'Amerique Septentrionale , par M. *Baqueville de la Poterie* , *in* 12. 4 vol.

—de l'Eglise , par M. l'Abbé de *Choisy* , *in* 4. 11 vol. 1740.

—*Idem in* 12. 11 vol.

Histoire de l'Empire Othoman , par S. A. S. *Demetrius Cantimir* , traduite en François, par M. de Joncquieres. *in* 4 1743.

—*Idem. in* 12. 4 vol. 1743.

—de l'Empire Othoman , traduite de l'Italien de *Sagredo*, par M. *Laurent. in* 12. 7 vol.

—de France , par le *Gendre. in fol.* 3 vol.

—de France, sous le Regne de Louis XIV. par *Larrey. in* 12. 9 vol. 1738.

—de France, sous le Regne de Louis XIV. par M. de *miers. in* 4 3 vol.

—de la nouvelle France , par le P. *Charlevoix. in* 4. 3 vol. 1744.

—*Idem in* 12. 6 vol. 1744.

—de M. Henriette d'Angleterre , avec les Mémoires de la Cour de France , pour les années 1688. & 1689. par Madame la Comtesse de la *Fayette, in* 12. 1742.

—de Philippe Auguste. *in* 12. 2 vol. 1745.

—de la Philosophie hermetique, par M. l'Abbé *Langlet du Frenoy. in* 12. 3 vol. 1744.

—des Comtes de Champagnes & de Brie, avec les preuves. *in* 12. 2 vol. *sous presse.*

—des Rois des deux Siciles, de la Maison de France, contenant les évenemens les plus interessans de l'Histoire de Naples & de Sicile, depuis la fondation de ces deux Monarchies , jusqu'au mariage de Dom Carlos, par M. d'*Egli. in* 12. 4 vol. 1741.

—des Ducs de Bretagne , par M. l'Abbé *des Fontaines , in* 12. 6 vol. 1738.

—& Description générale du Japon, par le Pere *Charlevoix. in* 12. 9 vol. 1738.

—de la Réformation des Pays-Bas, par *Brandt. in* 12. 3 vol.

—de Charles XII. Roi de Suede, par *Voltaire. in* 12.

—de Henry de la Tour d'Auvergne, Duc de Bouillon , par M. *Marsollier. in* 12. 3 vol.

Hiftoire de la vie & des actions de Louis de Bourbon, Prince de Condé. *in* 12. 2 vol. *fous preffe.*

——de M. de Muci. *in* 12.

——de Suger Abbé de faint Denis. *in* 12. 3 vol.

——de Staniflas I. Roi de Pologne. *in* 12.

——des Découvertes des Portugais dans le nouveau Monde, par le P. *la Fitau. in* 4. 2 vol. 1733.

—des Favorites, fous plufieurs Regnes. *in* 12.

—des Révolutions de France, par M. de la *Hode. in* 12. 4 vol.

——des Révolutions de Hongrie. *in* 12. 6 vol.

—du Miniftére du Cardinal Ximenes, par M. *Marfollier. in* 12. 2 vol.

—du Vicomte de Turenne, par M. *Raguenet. in* 12. 1741.

—du Vicomte de Turenne, par M. de *Ramefay. in* 4. 2 vol.

—& Explication des Phénoménes qui ont coutume d'accompagner les embrafemens du Mont Vefuve, par M. de *Caftera. in* 12. 1741.

Homelies & fermons de M. l'Abbé de *Paris*, Grand Vicaire & Official de Nevers, contenant les Myftéres de N. Seigneur, ceux de la fainte Vierge, les Panégyriques des SS. & autres fujets, *in* 12. 3 vol.

Le Carême. *in* 12. 3 vol. *fous preffe.*

Horatius cum Notis. in 12.

Hyacinte, ou le Marquis de Celtas Dirorgo, nouvelle Efpagnole. *in* 12. 2 vol. 1732.

Hypolite, Comte de Duglas. *in* 12.

I

IBrahim, ou l'illuftre Baffa, *in* 12. 4 vol. L'Iliade en vers François, avec un difcours fur Homere, par M. de la Motte, *in* 12.

Imitation de N. S. J. C. de toutes grandeurs.

Introduction à l'Hiftoire générale & politique de l'Univers, par M. le Baron de *Pufendorf. in* 12. 9 vol. 1738.

Inſtruction de la pénitence, par *Gobinet*, *in* 12.

—des Jeunes gens, tirées de l'Ecriture ſainte, avec les principaux devoirs des peres & meres envers leurs enfans. *in* 18.

—pour les Jardins Fruitiers & potagers, par M. de *la Quintinie.* *in* 4. 2 vol. 1740.

Journal du Palais, ou Recueil des principales déci-ſions de tous les Parlemens, Cours ſouverai-nes de France. *in fol.* 2 vol. 1737.

Journal des Saints, par le R. P. *Groſez* *in* 12. 3 vol.

Juris Canonici Theoria & praxis, Autore Cabaſſutio. *in* 4.

L

LEttres de Buſſi Rabutin. *in* 12. 7 vol.

—de Bourſault. *in* 12. 3. vol.

—du Cardinal d'Oſſat *in* 12. 5 vol.

—de Deſcartes, *in* 12. 6 vol.

—d'Heloiſe & d'Abellard, Latines & Françoiſes. *in* 12. 2 vol.

—de la Marquiſe de M ***. au Comte de R ***, par M. *Crebillon.* *in* 12. 1742.

—de M. Deſnoyers. *in* 12. 6 vol.

—de Saint Ambroiſe, Evêque de Milan, traduites en François, par le P. *Duranti de Bonrecueil*, *in* 12. 3 vol. 1741.

—de Voiture. *in* 12. 2 vol. 1745.

—Perſannes avec les Lettres Turques. *in* 12.

—au ſujet des Malefices & du ſortilege, par le ſieur *Boiſſier.* *in* 12.

Lucien, traduit par d'Ablancourt. *in* 12. 3 vol.

La Luſiade du Camoens, traduite par M. de *Caſ-tera.* *in* 12. 3 vol.

M

MAbillon, *de Pane Euchariſtico*, *in* 8.
Le Maître Italien, par *Veneroni.* *in* 12.

Maniere de bien penſer dans les ouvrages d'eſprit, par le P. *Bouhours.* *in* 12.

Mémoires Hiſtoriques, critiques, politiques & littéraires, par M. *Amelot de la Houſſaye. in* 12. 3 vol. 174t.

—de Maximilien de Betune Duc de Sully, mis en ordre, avec des remarques par M. L. D. L. D. L. *in* 12 8 vol. 1745.

—de M. de Saldaigne. *in* 12. 1745.

—de M. le Comte de Forbin , *in* 12. 2 vol.

—de Melvil , avec les Lettres de Marie Stuart, traduites de l'Anglois, par M. l'Abbé de Marſy , *in* 12. 3 vol. 1745.

—de Blaiſe de Mon-Luc. *in* 12. 4 vol. *ſous preſſe.*

—de M. de Montchal , Archevêque de Toulouſe. *in* 12. 2 vol.

—de Montecuculi, Général des Armées de l'Empereur , *in* 12. 1746.

—de M. le Comte de Rochefort. *in* 12.

—de M. Talon. *in* 12. 8 vol.

—du Regne de Pierre le Grand. *in* 12. 5 vol. 1740.

—du Regne de George I. Roi de la Grande Bretagne. *in* 12. 5 vol.

—& Réfléxions ſur les principaux évenemens du Regne de Louis XIV. par M. le Marquis *de la Farre. in* 12. 1740.

—pour ſervir à l'Hiſtoire d'Anne d'Autriche , par Me de *Mothcville. in* 12. 6 vol. 1739.

Métamorphoſes d'Ovide , traduites en François , avec des remarques , par M. l'Abbé *Banier. in fol.* 2 vol. *figures.*
Idem. in 4. 2 vol. *figures.* 1738.
Idem. in 12. 3. vol. 1742.

Métamorphoſes d'Ovide , traduites en François , par M. *Durier. in* 12. 3 vol.

Méthode & invention nouvelle de dreſſer les chevaux, par M. de *Newcaſtle. in* fol , *fig.*

Méthode pour bien apprendre à lire le Latin & le François, par M. *Delaulnay. in* 12.

Les mille & un jours, Contes Perſans. *in* 12. 5 vol. *ſous preſſe.*

Les mille & une nuit, Contes Arabes. *in 12. 6 v.*

N

LE Négoce d'Amsterdam, par *Ricard*, *in 4.*
Le nouveau parfait Maréchal, ou la Connoissance générale & univerfelle du Cheval, par M. de *Garfault*, *in 4.* figures 1746.
Nouveau Recueil, contenant la Vie, les Amours, les Infortunes, & les Lettres d'Abaillard & d'Heloife, &c. *in 12.*
Les nouvelles de Michel de Cervantes. *in 12 2 vol.*
Nouveau Teftament François. *in 12.*
Novum Teftamentum. in 24. Delaulne. 1703.
Novum Teftamentum Græcum, in 24.
—*Idem in 12. 2 vol.*

O

Oedipe de Sophocle, & les Oifeaux d'Ariftophane, traduit par M. *Boivin. in 12.*

Oeuvres de Barreme.

Le livre des Comptes faits. *in 12.*
Le Livre facile pour apprendre l'Arithmétiqué fans Maître. *in 12.*
Le Livre néceffaire. *in 12.*
Le Traité des Parties doubles. *in 8.*

Oeuvres de M. Pecquet.

Nouvelle Traduction Françoife du Paftor-fido, avec le texte à côté, *in 12.* 1733.
Nouvelle Traduction Françoife de l'Aminte du Taffe, avec le texte à côté. *in 12.* 1734.
L'Arcadie de Sannazar, traduite de l'Italien. *in 12.* 1737.
Difcours fur l'Art de Négocier. *in 8.* 1737.
Penfées diverfes fur l'Homme. *in 8.* 1738.
Difcours fur l'Emploi du Loifir. *in 8.* 1739.
Parallele du Cœur, de l'Efprit & du bon Sens. *in 8.* 1740.

Oeuvres de M. de Renusson.

Traité de la Communauté. *in* 4.
Traité du Douaire. *in* 4.
Traité des Propres. *in* 4.
Traité de la Subrogation. *in* 4.

Oeuvres de M. de Sacy.

Lettres de Pline le Jeune. *in* 12. 3 vol.
Le Panégyrique de Trajan. *in* 12.
Le Traité de l'Amitié. *in* 12.

Oeuvres de M. l'Abbé de Vertot.

Les Révolutions de la Republique Romaine, *in* 12. 3 vol.
Les Révolutions de Suede. *in* 12. 2 vol.
Les Révolutions de Portugal. *in* 12.

Oeuvres de M. Mariotte de l'Accadémie Royale des sciences. *in* 4. 2 vol. 1740.
—de M. l'Abbé de Saint Real, nouv. édit. augmentée. *in* 4. 3 vol. 1745.
—*Idem in* 12. 6. vol. 1745.
—de M. de Tourreil *in* 4. 2. vol.
—*Idem in* 12. 4 vol. 1745.
—diverses de M. de la Fontaine. *in* 12. 4 vol.
P. *Ovidii Nazonis Opera.* in 24. 3 vol.
Officina Latinitatis, seu Dictionarium Latinum & Gallicum. in 8.
Recueil des Opera représentés par l'Accadémie Royale de Musique, depuis son établissement. *in* 12. 15 vol. le 16. *sous presse.*

P

LE Passe-tems agréable, ou nouveau choix de bons mots. *in* 12.
Pausanias, ou Voyage Historique de la Gréce, traduit en François par M. l'Abbé *Gedoyn. in* 4. 2 vol.

Penſées ingénieuſes des anciens & des modernes, par le P. Bouhours. *in* 12.

Perkin faux Duc Dyorck, ſous Henry VII. Roi d'Angleterre. *in* 12.

Petrone du Préſident Bouhier. *in* 4.

—*Idem*. *in* 12. 17 ;8.

Phyſique du P. Caſtel. *in* 12. 2 vol.

—du P. Regnault. *in* 12. 4 vol.

—Occulte, ou Traité de la Baguette divinatoire, par M. l'Abbé de *Vallemont*. *in* 12. 2 vol.

Les Plaiſirs & les Chagrins de l'Amour. *in* 12.

Plauti Comœdiæ. *in* 24.

Pratiques curieuſes, ou les Oracles des Sybilles. *in* 12. 1745.

Pratique de la Perfection Chrétienne de Rodriguez, traduite de l'Eſpagnol, par M. l'Abbé *Regnier des Marais*. *in* 12. 6 vol. 1742.

Prieres & Inſtructions Chrétiennes, par le P. *Sanadon in*. 12.

Principes de la Philoſophie de Deſcartes, *in* 12.

—de l'Hiſtoire, pour l'éducation de la Jeuneſſe, par années & par leçons, par M. l'Abbé *Langlet du Frenoy*, *in* 12. 6 *vol*. 1736.

Les Pſeaumes de David, expliqués par Theodoret, Saint Baſile, & Saint Jean Chryſoſtome, Peres de l'Egliſe Grecque, & traduits du Grec en François par le P. *Duranti de Bonrecueil*, de l'Oratoire. *in* 12. 7 vol. 1741.

Q

LA quantité du petit Behours. *in* 8.

Quintus Curſius. *in* 24.

Quinctilianus de Oratoria Inſtitutione. Autore Capperonnerio. *in fol*.

R

RAdices, ſeu *Dictionarium Petri Danetii*. *in* 8.

Recueil de Romans hiſtoriques. *in* 12. 4 vol. 1746.

Recueil Hiſtorique d'Actes, Négociations, Mé-

moires & Traités , depuis la paix d'Utrecht juf-
qu'à prefent , par M. *Rouffet*. in 8.

Recherches fur les Courbes à doubles Courbures ,
par M. *Clairault*. in 4.

Recherches fur les Théâtres de France , par M. de
Beauchamps. in 4.

—Idem. in 8. 3 vol.

Réflexions de T * * fur les égaremens de fa jeu-
neffe. in 12.

Regia Parnaffi , feu *Pallatium Mufarum* , *in quo Sy-
nonyma* , *Epitheta* , *&c. continentur*. in 8.

Relation de la mer du Sud , par M. *Frefier*. in 4.

—hiftorique de l'invafion de l'Efpagne par les
Maures. in 12.

Remarques de M. de Vaugelas fur la langue Fran-
çoife , avec les notes de Meffieurs *Patru & T. Cor-
neille*. in 12. 3 vol. 1738.

Remarques *ou* Réfléxions critiques , morales &
hiftoriques fur les plus belles & agréables pen-
fées qui fe trouvent dans les ouvrages des Au-
teurs anciens & modernes. in 12.

Rhétorique à l'ufage des jeunes Demoifelles , *in 12.*
fous preffe.

—*ou* l'Art de parler , par le P. Lamy , nouv. édit.
augmentée de nouvelles Réflexions fur l'Art
Poétique du même Auteur. in 12. 1741.

—*ou* les Regles de l'Eloquence par M. *Gibert*. *in*
12. 1742.

Roger bon-Tems en belle humeur. *in* 12.

Roland le Furieux. *in* 12. 2 vol. 1746.

Romans de *Bourfault* , contenant le Prince de
Condé : Ne pas croire ce qu'on voit : Le Marquis
de Chavigny , Artemife & Poliante. *in* 12. 2
vol.

.S

S*Aluftius*. in 24.
La fcience des Notaires Apoftoliques. *in* 4. 2.
vol.

La Secchia Rapita , le Sceau enlevé , Poëme héroï-comique du Taſſoni, traduit de l'Italien en François, avec le texte à côté. *in* 2. 2 vol.

Les ſecrets du grand & du petit Albert. *in* 12. 2 vol.

Le Spectateur, ou le Socrate moderne. *in* 12. 6 vol.

Le ſtile civil & criminel de Gauret. *in* 12. 2 vol.

T

TAbleau de l'Empire Germanique, & la Bulle d'Or. *in* 12.

Tableaux du Vieux & du Nouveau Teſtament Anglois & François. *in* 4. avec 150 *figures.*

Le Temple de Gnide, nouvelle édition, corrigée & augmentée par l'Auteur, diviſée par chants, & enrichie de jolies vignetes. *in* 8.

Le Temple des Muſes. *in fol. figures.*

Théâtre François, ou Recueil des meilleures piéces de Théâtre. *in* 12. 11 vol. 1737.

—de Baron. *in* 12. 2 vol. 1742.

—de Boindin *in* 12. 1746.

—de Bourſault. *in* 12. 3 vol. 1746.

—de Campiſtron *in* 12. 2 vol. 1739.

—de Champmêlé *in* 12. 2 vol. 1742.

—de P. & de T. Corneille. *in* 12. 11 vol. *ſous preſſe.*

—de Crebillon. *in* 12. 2 vol 1743.

—de Dancourt. *in* 12. 8 vol. 1742.

—de Lafont. *in* 2. 1746.

—de la Grange. *in* 12. 3 vol. 1742.

—de le Grand *in* 12. 4 vol. 1742.

—de Hauteroche, *in* 12. 3 vol. 1742.

—de Montfleury. *in* 12. 3 vol. 1739.

—de Piron, *in* 8.

—de Poiſſon, *in* 12. 2 vol. 1743.

—de Pradon. *in* 12. 2 vol. 1744.

—de Quinault *in* 12. 5 vol. 1739.

—de Racine. *in* 12. 2 vol. *ſous preſſe.*

—de Regnard. *in* 12. 4 vol. 1742.

—de la Thuillerie. *in* 12 1745.

Titi Livii Pataviani Hiſtoriarum ab Urbe condita. *in*

12. Tomus primus & secundus.

Tractatus de Materia Medica, *Autore* Geoffroy. *in* 8. 3 vol.

Traité de l'Indult, par M. *Cochet de saint Valtier.* *in* 4. 3 vol. 1746.

——de la Majorité de nos Rois, & des Regences du Royaume, par M. *Dupuy. in* 8. 2 vol.

——de la Religion Chrétienne, par M. *Chardon de Lugny. in* 12. 2 vol.

——de Pietez, de M. *de Sainte Marthe. in* 12. 2 vol.

——des Abus de la Critique en matiere de Religion, par le P. *Delaubruffel. in* 12. 2 vol.

——des Inſtrumens de Chirurgie les plus utiles, par *Garengeot. in* 12. 2 vol.

——de la Communauté entre mari & femme, par M. *Lebrun. in fol.* 1737.

——des ſucceſſions, par le même, *in fol.* 1742.

——des Feux d'Artifice, par M. *Freſier.* nouv. édit. toute différente des autres, & augmentée conſiderablement par l'Auteur. *in* 8. *ſous preſſe.*

——des ſuperſtitions qui regardent les Sacremens, par M. *Thiers. in* 12. 4 vol.

——hiſtorique & dogmatique du ſecret inviolable de la Confeſſion, par M. l'Abbé *Langlet du Frenoy. in* 12.

——Philoſophique des Loix naturelles, où l'on cherche & l'on établit par la nature des choſes, la forme de ces Loix, par le Docteur *Cumberland,* traduit du Latin par M. *Barbeyrac. in* 4. 1744.

——Idem. *in* 12. 4 vol. *ſous preſſe.*

Le Treſor hiſtorique & politique du floriſſant Commerce des Hollandois. *in* 12.

V

VAlerius *maximus, cum notis Minellii.* in 12.

Verité de la Réligion Chrétienne, par *Abbadie,* avec l'Art de ſe connoître ſoi-même. *in* 12. 4 vol. 1741.

La Vie de Guzeman d'Alpharache. *in* 12. 3 *vol.*

——de Lazarille de Tormes. *in* 12.

La Vie de Philippe II. Roi d'Espagne, traduite de l'Italien de *Gregorio Leti. in* 12. 6 vol.

—& Avantures de Robinson Crusoë. *in* 12. 3 vol.

Vies des Saints. *in* 12. 4 vol. *Lyon.*

—des Saints du R. P. Ribadeneira. *in fol.*

Virgilius. in 24.

——Idem. *cum notis Minellii.* in 18.

Voyages de Madagascar, connu sous le nom de Saint Laurent. *in* 12.

—de M. Dellon, avec sa Relation de l'Inquisition de Goa. *in* 12. 3 volumes.

—de Pietro della Vallée, dans la Turquie, la Palestine, la Perse, les Indes Orientales, &c. *in* 12. 8 vol. 1745.

—& Avantures du Comte de ***. & de son fils. *in* 12. 2 vol.

Voyages qui ont servi à l'établissement des Hollandois, aux Indes Orientales. *in* 12. 12 vol.

Utilité de la Foy, traduit de S. Augustin, *in*-12. 1741.

Zaïde, Histoire Espagnole, par M. de Segrais. *in* 12. 2 vol.

L'on trouvera chez le même Libraire les Livres nouveaux, tant de France que des Pays Etrangers.

www.ingramcontent.com/pod-product-compliance
Ingram Content Group UK Ltd.
Pitfield, Milton Keynes, MK11 3LW, UK
UKHW020204080726
13614UKWH00006B/2619